I0795068

Dragones

Grace Hansen

Abdo
EL MUNDO DE LOS SERES MITOLÓGICOS
Kids

Abdo Kids Jumbo es una subdivisión de Abdo Kids
abdobooks.com

abdobooks.com

Published by Abdo Kids, a division of ABDO, P.O. Box 398166, Minneapolis, Minnesota 55439.
Copyright © 2025 by Abdo Consulting Group, Inc. International copyrights reserved in all countries. No part of this book may be reproduced in any form without written permission from the publisher. Abdo Kids Jumbo™ is a trademark and logo of Abdo Kids.
Printed in the United States of America, North Mankato, Minnesota.

052024

092024

THIS BOOK CONTAINS RECYCLED MATERIALS

Spanish Translator: Maria Puchol

Photo Credits: Alamy, Getty Images, Granger Collection, Shutterstock

Production Contributors: Teddy Borth, Jennie Forsberg, Grace Hansen
Design Contributors: Candice Keimig, Pakou Moua

Library of Congress Control Number: 2023950275

Publisher's Cataloging-in-Publication Data

Names: Hansen, Grace, author.

Title: Dragones/ by Grace Hansen

Other title: Dragons. Spanish

Description: Minneapolis, Minnesota: Abdo Kids, 2025. | Series: El mundo de los seres mitológicos | Includes online resources and index

Identifiers: ISBN 9798384902133 (lib.bdg.) | ISBN 9798384902690 (ebook)

Subjects: LCSH: Dragons--Juvenile literature. | Mythical animals--Juvenile literature. | Folklore--Juvenile literature. | Legends--Juvenile literature. | Spanish language materials--Juvenile literature.

Classification: DDC 398.2454--dc23

Contenido

El mito del dragón

Se han contado historias de dragones desde hace miles de años. Nadie sabe cuándo empezaron o de dónde vienen estas historias.

5

En tiempos antiguos se encontraban **fósiles** gigantes de vez en cuando. Era difícil imaginar animales reales de ese tamaño. Los historiadores creen que se crearon historias para explicar esos fósiles y así surgieron los mitos de los dragones.

Dragones occidentales

Los dragones tienen diferente aspecto y actúan de forma distinta en determinadas partes del mundo. Los **occidentales** provienen principalmente de la **tradición** europea. Las leyendas hablan de monstruos con alas que lanzan fuego por la boca.

Europa
Asia
África

En Occidente, los dragones son mortíferos y malvados. Normalmente viven en cuevas y protegen tesoros.

Los dragones **occidentales** tienen escamas y púas en la cola. Surcan el cielo para atrapar personas y animales.

Dragones orientales

Los dragones **orientales** son muy diferentes. En el **folklore** chino se describen criaturas grandes con forma de serpiente. Tienen escamas, pero a menudo son sin alas.

Europa
Asia
China
África
N
W
E
S

En las leyendas **orientales**, la mayoría de los dragones son amables y ayudan. Representan la bondad. Los dragones suelen llevar una perla en la mano, la cual representa el poder y la **sabiduría**.

Los dragones **orientales** son mágicos. Pueden cambiar de tamaño y apariencia. A menudo tienen control sobre fenómenos naturales, pueden crear nubes y lluvia o cambiar las estaciones.

Los dragones de hoy

Hoy en día, se encuentran dragones en los libros, en las películas y en la televisión. Pueden ser adorables compañeros o terribles **enemigos**. Además, en muchas culturas se sigue celebrando a los dragones.

Dragones en el mundo

Apep o Apofis

Egipto

- Antiguo dios
- Criatura grande con forma de serpiente
- Quiere comerse el sol
- Representa el mal

Lung o dragón chino

China

- Vuela sin alas
- Largo, con bigotes y melena
- Siempre está cerca de agua

Dragon de Beowulf

Gran Bretaña

- Tira fuego
- Protege un tesoro
- Recubierto de escamas, excepto la panza

Fafnir

Escandinavia

- Recubierto de escamas
- Protege oro
- Quien se coma su corazón conseguirá **sabiduría**
- Inspiración del dragón Smaug, en *El hobbit* de J.R.R. Tolkien

Glosario

enemigo – rival, oponente.

folklore – historia y formas de vivir de la gente de un lugar o país concreto.

fósil – restos, impresiones o rastros de sustancias que vivieron hace mucho tiempo.

occidental – relativo o procedente del oeste, por ejemplo de Europa.

oriental – relativo o procedente del este, por ejemplo de Asia.

sabiduría – conocimiento y sentido común.

tradición – toda la información y costumbres recogidas a lo largo del tiempo sobre un asunto concreto.

Índice

Abdo Kids
ONLINE
FREE! ONLINE MULTIMEDIA RESOURCES

¡Visita nuestra página **abdokids.com** para tener acceso a juegos, manualidades, videos y mucho más!

Los recursos de internet están en inglés.

Usa este código Abdo Kids
WDK1887
¡o escanea este código QR!